Antonio Elster

Fachl. Berat.: Dipl.-Psych. G. Spalliere

JUBILÄUMS-AUSGABE

AF222557

Allein gelassen?

Die ExLiebe wiedergewinnen!

5. aktualisierte Auflage 2012
4. aktualisierte Auflage 2010
3. aktualisierte Auflage 2007
2. aktualisierte Auflage 2005
1. Auflage 2001

Antonio Elster: Allein gelassen? Die ExLiebe wiedergewinnen

© 2012 Antonio Elster. Alle Rechte vorbehalten. 5. deutsche Auflage. Titelbild/ Einbandgestaltung Antonio Elster. Abbildungen im Text mit freundlicher Genehmigung von VisitFlorida, Inc. Herstellung und Verlag BOD GmbH, Norderstedt. ISBN 978-3-8311-1825-0. Printed in Germany 2012

Lesermeinungen:

...es hat sich gelohnt.
Ich weiss nicht, wie es anderen Menschen in ihrem Innersten während der Verlassen-Situation ergeht, für mich war dieses Buch in gewisser Weise mein Lebensretter. So klein und unscheinbar es daherkommt, so hat es mich sozusagen in einem letzten Aufbäumen dazu bewegt, es doch noch einmal mit einem Brief an meine große Liebe zu versuchen. Diesen Brief nach den enthaltenen Regeln aufzusetzen war eine stundenlange Arbeit, aber wie ich jetzt weiß wohl die lohnenswerteste, die ich mir vorstellen kann. Nach ersten Kontakten bestehen nun wieder alle Chancen, das S. und ich in 30 Jahren freudig, und vielleicht auch ein wenig sentimental auf dieses kleine Büchlein blicken und uns denken: Es hat sich gelohnt. Rezensentin/Rezensent, Saarbrücken, 22.11.2002

Die Tiefe der Psychologie liegt an der Oberfläche.
Vielleicht kann man es so sagen: Die Tiefe der menschlichen Psychologie liegt an der Oberfläche. Jedenfalls ist das mein Eindruck von der Art des vorgeschlagenen Umgangs mit der oder dem Ex, um ihn oder sie wiederzubekommen. Scheinbar einfache Regeln, die wahrscheinlich viele behaupten zu kennen und dennoch nicht beherzigen, garniert mit geradezu genial einfachen Objektivierungsmaßnahmen, ergaben bei mir eine Kontaktaufnahme mit dem Schlußmacher, der er sich nur schwer entziehen konnte. Niedergeschlagenen Herzen möchte ich die Nachahmung empfehlen. mirjaathome, Büdingen, 09.02.2004

Bietet Taten statt Worte!
Das ist das einzige Buch zu diesem Thema (das ich kenne) , das ohne viele Worte schnell zum Wesentlichen, nämlich zu einem echten Problem-lösungsversuch kommt. Überall sonst gibt es nur Texte, Texte und nochmal Texte. Hier wird haarklein beschrieben was man TUN kann. Ich bin sehr gespannt.svchard, Aschaffenburg, 15.03.2004

Einwandfrei!
Dachte ich wäre zu alt für so etwas. Doch wie sich vor 6 Monaten herausstellte, hilft dieser wunderbare kleine Ratgeber auch "älteren Semestern". Vor 1 Jahr trennte sich mein Mann von mir. Eine Welt brach zusammen. Nach einigen Monaten entdeckte ich "Allein gelassen? Die Exliebe wiedergewinnen" und schätzte es als angemessen für Teenager und junge Erwachsene ein. Doch die Verzweiflung siegte, ich las, und schrieb den Brief an meinen Mann. Dann ging alles recht schnell. Heute sind wir schon seit Monaten wieder zusammen und ich hoffe, daß noch viele andere Verlassene wieder genauso glücklich werden wie ich. Hannelore Geißen, Kiel, 09.09.2004

Ein Wunder!
Nach der Trennung von meinem Freund war ich total fertig. Hab nichts mehr gegessen, nicht geschlafen und zwei Wochen nur geheult. Natürlich ständig bei ihm angerufen und dadurch alles noch viel schlimmer gemacht ... auf dieses Buch hier gestoßen und hab es gleich dazu bestellt ... brauche ich nicht mehr, denn mein Freund kam wirklich zurück! Das Buch ist ein Wunder und ich kann jedem nur empfehlen, es auf diese Weise zu versuchen, den Partner zurückzugewinnen. Bei uns war es wirklich fast aussichtslos, und dennoch hat es geklappt!!! Ein großes Dankeschön an den Autor!!! Rezensentin/Rezensent, Dinslaken, 08.07.2004

Ich glaubte gar nichts mehr.
Ich glaubte gar nichts mehr. Deswegen hätte ich mir auch dieses Buch nie gekauft. "Leider" nur hat mich ein Freund überredet ... Nach dem Abschicken rief mich mein ehemaliger Partner an, das war vor 6 Wochen. Heute sind wir wieder zusammen ... Natürlich kann ich nicht sagen, ob der Brief in den meisten Fällen so hilft wie bei mir oder ob ich einfach nur Glück hatte. Empfehlen möchte ich es so oder so, weil es erstens sehr hilft, sich genau über die Beziehung klar zu werden. Und zweitens, weil man ohne einen Versuch auch zu keinem Ergebnis kommt. voulevouz01, Itzehoe, 31.07.2003

Für den Tag,

an dem die Sonne

wieder scheint !

Vorwort
zur 10 Jahre-Jubiläumsausgabe

Liebe Leserinnen und Leser,

einstmals aus Eigenbedarf entstanden, dann von Bekannten nachgefragt, dann von Bekannten dieser Bekannten, die immer zahlreicher wurden, hilft dieser Ratgeber seit mehr als zehn Jahren vielen Menschen, die ungewollt vom Partner verlassen wurden. Ein hoher Anteil davon war erfolgreich, wie zahlreiche dankbare Leserbriefe und -rezensionen bestätigen.
In dieser langen Zeit wurde der Titel mehrfach verbessert und überarbeitet. Heute halten Sie die fünfte, abermals aktualisierte Auflage als Jubiläumsausgabe in Händen, besser und einfacher anzuwenden als je zuvor. Die Ratschläge und Empfehlungen können bestimmt auch Ihnen helfen in dieser sehr schwierigen Situation, denn: Wenn andere es schafften, warum nicht auch Sie? Die Zukunft ist für Sie da, und auch die traurigste Zeit, die schwersten Stunden – sie werden vorübergehen. Ich wünsche Ihnen von ganzem Herzen, daß dies recht bald der Fall ist.
Alles Gute für Sie, viel Erfolg, und zusätzlich natürlich auch das oft notwendige Stückchen Glück wünscht Ihnen

Ihr Antonio Elster

Himmelsmacht

Die Sterne auf ihr´n Kreisen wandern
durch unsichtbare Kraft von andern
Wenn's Himmelsmacht dann so gefällt
der Pfad nicht mehr zusammenhält.

Ein Sternlein funkelt unentschieden
ist hin- und hergerissen
»Ach, könnt' ich doch...«
und »Wär' bloß nur...«
und muß ich denn was missen?

Sternleins Gefühle sind verständlich
gar manches ist nur zu vergänglich
Doch Himmelsmacht ist gut, nicht böse
wird zuseh´n, daß der Fall sich löse...

EAE 2001

Drei kleine Zauberinnen

Vor Urzeiten schon – damals, als sich die ersten Menschen auf der Erde einrichteten – da kamen drei kleine Zauberinnen aus den unergründlichen Weiten des Himmels auf unseren Planeten Erde geschwebt. Sie nannten sich »Die drei Fau´s«, und so heißen sie noch immer: Die drei quirligen Schwestern sind den Menschen bis zum heutigen Tag treu geblieben.

Verspielt und hübsch und süß sind sie – falls sie denn gerade einmal zu sehen sind. Doch das geschieht recht selten. Denn die drei kleinen Rabauken nennen viele sonderbare Fähigkeiten ihr eigen. So können sie sich beispielsweise unsichtbar machen. Und man stelle sich nur vor: Sie tun es auch. Auch andere ihrer Eigenschaften und Fähigkeiten sind eindeutig nicht von dieser Welt. So ist es zum Beispiel sehr merkwürdig, daß die Erste der Schwestern gleichzeitig die Jüngste ist! Denn die Zweite ist ein wenig älter als sie. Und die dritte Schwester schließlich, die ist noch ein bißchen älter als die Zweite, und damit die älteste überhaupt.

Doch diese Sonderbarkeiten brauchen niemanden zu stören. Im Gegenteil. Die Fau-Geschwister sind kleine Verzauberinnen, die den lieben langen Tag nur einen Gedanken im Sinn haben:

Nämlich soviele Menschen wie nur möglich von ganzem Herzen glücklich zu machen!

Um diese anstrengende Aufgabe erfüllen zu können, besuchen sie uns Erdenbewohner. Zahlreiche von uns. Und gleichzeitig. Denn den Fau's bleibt ja gar nichts anderes übrig: Wo sie doch nur drei sind, es aber unzählige Menschen auf der Welt gibt! So ist es leicht vorzustellen, daß die drei Schwestern viel zu tun haben. Zum großen Glück hilft ihnen dabei eine weitere, uns Menschen ziemlich merkwürdig erscheinende Fähigkeit: Ganz nach Belieben nämlich können die Fau's über große Entfernungen bald hierhin, bald dorthin hüpfen, sich trennen und auch wieder zusammenkommen – wenn es nötig ist, in einem winzigkurzen Augenzwinker-Augenblick.

Haben die drei Schwestern wieder einmal einen neuen Menschengast ausgewählt, um über ihm ihr Glück auszustreuen, dann kann ihr Besuch ein ganzes Menschenleben lang dauern. Zeit und Ort, diese irdischen Schranken der Menschen, die spielen für die Fau's nämlich überhaupt keine Rolle. Da wundert es natürlich nicht, daß die drei Feen von den Erdenbewohnern über alle Maßen geschätzt, ja angehimmelt werden: Ob arm oder reich, ob alt oder jung – jeder Mensch kennt sie und ist sehr froh und glücklich, wenn er vom Besuch einer Fau erfährt.

Bei diesen Besuchen kommt die Jüngste der drei Schwestern immer zuerst. Ganz allein. Um das

Terrain zu testen, sozusagen. Sie bleibt dann unterschiedlich lang. Und falls sie nach einiger Zeit entscheidet, dem Menschengast auch ihre Schwestern vorzustellen – was übrigens keineswegs selbstverständlich ist – dann sind die besuchten Menschen sogar noch viel glücklicher: Ja, auf ihre Art sind die Fau 's reine Engel.

Manchmal geschieht es aber auch, daß Menschen ungeduldig werden und nicht warten wollen, bis sie endlich von einer Fau besucht werden. So rasch wie möglich sollen dann die Schwestern gefälligst erscheinen. Aber ganz so einfach ist das nicht. Die kleinen Zauberinnen nämlich, die gewähren ihre glückbringenden Besuche weder auf Zuruf noch auf Verlangen noch auf Bitten. Man braucht tatsächlich ein wenig Glück, und auch ein bißchen Geduld.

Und seit Neuestem sogar eine gute Schaufel: Denn die Jüngste der drei Fau's, die wird in letzter Zeit etwas unleidlich. Fast eingeschnappt, könnte man sagen. Es war nämlich so: Vor noch gar nicht so vielen Erden-Jahrzehnten, da begann eine merkwürdige Veränderung bei den Menschen: Immer häufiger geschah es, daß die einst so gern gesehenen Zauber-Geschwister von den Besuchten regelrecht hinausgeworfen wurden! Zuallererst passierte das der ältesten Fau. Dann auch der Mittleren. Und als schließlich auch die Jüngste immer öfter hinauskomplimentiert wurde – und manchmal kurz darauf unverschämterweise wieder herbeibefohlen – da wurde sie ganz traurig. Und dann ärgerlich. Sogar ungehalten. Schließlich ist sie ja die Jüngste: »Diese Menschen! Was bilden die sich eigentlich ein? Wie soll ich das denn schaffen? Und überhaupt: Seit wann bestimmen die denn, wann ich sie besuche ?«

Und so kam es, daß die jüngste Fau von heute auf morgen beschloß, ihre Glücklichkeit nicht mehr so freigiebig wie bisher unter die Menschen zu streuen. Nach einer geheimnisvollen Auswahlregel begann sie vielmehr, bei manchen Menschen ein bißchen weniger Glück zu streuen. Oder ein bißchen weniger Zeit zu haben. Oder einfach verspätet, und manchmal gar nicht, einzutreffen.

Das fiel ihren älteren Schwestern natürlich bald auf und es dauerte nicht lange, bis die interessiert fragten: »Wie entscheidest Du denn, ob ein Mensch Deine volle Aufmerksamkeit verdient, oder eben nicht? «

Da legte die jüngste Fau ihren kleinen Zeigefinger nachdenklich an die sommerbesprosste Stupsnase und erklärte ihre kluge Regel:

»Wißt ihr, ich denk´ mir das so: Wer ernsthaft einen Goldschatz sucht, der strengt sich an. Der gräbt – mit Geduld. Und schaut hin – ganz genau. Und gibt nicht auf – niemals. So jemand, der wird den Schatz vor seinen eigenen Augen finden. Alle Anderen aber, die nur so im Vorübergehen mal hier, mal da an der Oberfläche herumkratzen, die lass´ ich einfach . . . hm . . .

Katzengold finden. Kurzzeitig glitzernd zwar, aber gar nix wert.«

Und genau so halten sie es bis zu dem heutigen Tag, die drei kleinen Zauberinnen *Verliebt, Verlobt* und *Verheiratet*.

• • •

Die sichtbare Welt

Cape Coral in Südflorida in den USA. Die Küstenstraße direkt am Golf von Mexiko. Ein sommerlicher Abend am tropischen Sandstrand, ganz kurz vor Sonnenuntergang. Die warme Luft riecht nach weitem Meer. Am leuchtend blau-orangen Himmel kreischen große Möwen um die Wette. Und auf der ruhigen türkisfarbenen Wasseroberfläche dümpeln drei schneeweiße Pelikane und halten gelangweilt Ausschau nach einer Abendmahlzeit.

Gleich wird am Horizont die Sonne, diese große glutrote Kugel in die scheinbar unbegrenzte blaue Meeresfläche eintauchen. Ein allseits bekanntes Farbenschauspiel allerersten Ranges, das hier jeden Abend viele Zuschauer in seinen Bann zieht. Vereinzelt sind Autos auf den Sand vorgefahren, um dem Naturschauspiel wie im Autokino zuschauen zu können. In einem dieser Autos, etwas abseits unter einer schiefgewachsenen Kokospalme, sitzt eine junge Frau und starrt seit geraumer Zeit gedankenverloren auf die weite See hinaus.

Plötzlich wird ihr in die Ferne gerichteter Blick von einer fröhlich-hellen Kinderstimme unterbrochen: »Hi, I'm Bobby. . .what's your name?« Neben ihrer Autotür steht ein blond-gelockter

Dreikäsehoch in Badehose mit Teddybär unter dem Arm. Bobby schaut nach oben und grinst die Frau im Auto an, wie nur kleine Kinder grinsen können. Aber noch ehe sie ihm antworten kann, rufen Bobby's Eltern, die nur wenige Meter entfernt im Sand sitzen, nach dem kleinen Ausreißer. Sie möchten ihren Sohn vor dem Hintergrund des farbenfrohen Sonnenuntergangs fotografieren. Bobby rennt los, fällt einmal tapsig in den weichen und warmen Sand, und kurz darauf stellt sich die junge Familie in verschiedenen Fotografierposen auf: Bobby allein, Bobby mit Mama und Bobby mit Papa werden vor dem romantischen Hintergrund festgehalten. Es wird viel gelacht und Spaß gemacht.

Dann möchte der Vater die gesamte Familie gemeinsam ablichten. Sein Blick fällt auf die junge Frau, die immer noch in ihrem Wagen sitzt. Er fragt sie freundlich, ob sie einmal auf den Auslöser drücken würde. Bereitwillig steigt sie aus, fragt nach dem gewünschten Bildausschnitt und wartet, bis alle das richtige Lachen aufgelegt haben. Als sie die Kamera zurückreicht, bedankt sich Papa freudig.

Er kann nicht mehr sehen, wie der Frau beim Zurückgehen zu ihrem Auto stumme Tränen über ihr Gesicht rinnen ...

Nur Minuten später lernte ich diese traurige Frau persönlich kennen. Ihr angejahrtes Auto wollte nicht mehr anspringen. Sie stellte sich als

Alicia vor und fragte höflich und leise, ob ich ihr vielleicht helfen könne. Während ich aber unter der Motorhaube herumkramte, konnte Alicia plötzlich ihre hochwallenden Gefühle nicht mehr zurückhalten und begann herzzerreißend zu weinen. Dabei erzählte sie schluchzend, daß sie vor zwei Tagen von der größten Liebe ihres Lebens verlassen wurde.

• • •

Diese unglückliche Frau wird für Sie, liebe Leser, auf immer eine Unbekannte bleiben. Trotzdem können Sie Alicias Gefühle wahrscheinlich sehr gut nachempfinden: Denn nahezu jeder Mensch wird zumindest einmal im Leben von der riesigen Welle der Unglücklichkeit überspült, die durch eine ungewollte Trennung vom geliebten Partner heranrollt. Für viele Menschen bedeutet dieses Erlebnis den Super-GAU ihrer Psyche. Und es kann den Beginn einer der größeren sozialen Katastrophen im eigenen Leben markieren, weil sich Bindungen, Träume, feste Pläne – also alle Vorfreuden auf das eigene zukünftige Leben – innerhalb eines Augenblicks im totalen Nichts auflösen.

In den ersten Stunden nachdem sich die Tür hinter ihm oder ihr zum letzten Mal geschlossen hat, will man es einfach nicht wahr haben. Die Akzeptanz der bereits vollendeten Tatsache wird vom Unterbewußtsein schlichtweg verweigert.

Fast sicher scheint es, daß es sich lediglich um ein Mißverständnis oder temporäres Problem handelt, das sich schon bald aufklären wird. Manchmal herrscht gar die reinste Verblüffung: »Das kann doch nicht ernst gemeint sein! Bei unseren Plänen . . .«

Zu diesem Zeitpunkt ahnen Sie noch nicht, daß sich bereits ein Foltermeister auf den Weg gemacht hat. In Kürze wird er harsch an Ihr Bewußtsein anklopfen und Einlaß begehren. Im Sack auf seinem Buckel mit der Aufschrift »Trennungsschmerz« schleppt er häßliche Quälwerkzeuge mit sich: Die unsäglichen Gefühle des Verlassenseins, des Alleinseins, der tiefen Enttäuschung und Verzweiflung warten auf ihren erbarmungslosen Einsatz. Hat dieser Kerl erst einmal den Eintritt in Ihre Bewußtseinstüre geschafft, dann könnten Sie wirklich Hilfe und Verstärkung gebrauchen, um dem ungebetenen Knecht Paroli zu bieten.

Doch das Leben ist selten perfekt und fair. Und so lauert in dieser Situation genau das Gegenteil: Anstatt daß Ihnen geholfen wird den Folterer abzuwehren, findet dieser Kerl auch noch Unterstützung. Ihr eigenes Gedächtnis nämlich verbündet sich mit dem Quäler und beginnt zusätzliche Torturprozeduren: Ab sofort weckt jeder Schritt, jeder Handgriff, jeder Blick melancholische, tieftraurige Stimmungen: Denn Erinnerungen an den Expartner in Wohnung und im Auto finden sich zuhauf. Ihre/seine Lieblingsmusik liegt noch im CD-Ständer. Das Bad und Bett riecht noch nach ihm oder ihr. Und dann diese blöden Fragen im Freundeskreis: »Wo hast Du denn (Name) heute gelassen?« Schon die Antwort darauf, und das ganze Thema sowieso, ist unerträglich. Aber warum muß einem bereits jetzt, bei der Begrüßung in der Runde, die Qual des späteren Heimwegs vor Augen geführt werden: Den elend-einsamen Schritten zum kalten, leeren Auto ist nicht zu entfliehen.

Da ist es kein Wunder, daß die Tränen oft unkontrolliert fließen – während gleichzeitig tief im Herzensinnern ein kleines Hoffnungsflämmlein still und traurig im Orkan der Gefühle vor sich hinflackert: »Vielleicht überlegt sie/er es sich ja doch noch anders? Vielleicht sogar gerade jetzt, in diesem Augenblick? Sie/Er muß doch spüren, daß ich dauernd an uns denke! Bestimmt klingelt gleich das Telefon. Oder ob ich mal anrufen soll? Hm. Vielleicht lieber doch nicht. Hach – wenigstens mal ihre/seine Stimme hören. Ob vielleicht der Anrufbeantworter...«

• • •

Im Anschluß an diese Übergangsperiode wird aus der insgeheimen, unbestimmten Ahnung die gefürchtete und verdrängte Gewißheit: Der nun so kläglich als Expartner bezeichnete Mensch hat es tatsächlich ernst gemeint. Und Sie, Sie würden ein ganzes Königreich und noch viel mehr dafür geben, um sie/ihn zurück zu bekommen. Spätestens ab diesem Zeitpunkt der Erkenntnis der eigenen Machtlosigkeit neigen zahlreiche Menschen zu vorschnellen Kontakt- und Reparaturversuchen. Aus schierer Verzweiflung wird dann nicht selten von unrealistischen Annahmen und Zielen ausgegangen — wodurch sich leider die Erfolgsaussicht auf einen Neubeginn nochmals stark verringert: Eigene gutgemeinte Rettungsaktionen führen häufig dazu, daß die letzte eventuell vorhandene Chance auf Versöhnung verspielt wird.

Natürlich lieben Sie sie/ihn noch. Natürlich verlöscht eine ehrliche, tiefe Liebe und Zuneigung nicht durch die Worte »Ich werde mich von Dir trennen.« Er/Sie muß doch wissen, wie schlecht es Ihnen geht, und wie gut Sie es meinen! Nicht wahr?!

Doch muß sie oder er wirklich? Und weiß sie oder er das nicht sowieso? Aber überhaupt: Weshalb sollte dies helfen, Ihrem Ziel der Wiedervereinigung näher zu kommen? Überlegen Sie einmal genau: Zu diesem Zeitpunkt ist es doch mehr als fraglich, ob *Ihre* Gemütsverfassung, *Ihre* Wünsche und *Ihre* Vorstellungen irgend etwas an ihrem/seinem Entschluß ändern können. Und selbst wenn dieser unwahrscheinliche Fall einträte: Wünschen Sie sich tatsächlich, daß sie/er »aus Mitleid« zurückkommt?

Nein — dem Expartner die eigene Gefühls- und Wunschwelt mitzuteilen, und sei es noch so tief und zu Herzen gehend, liefert ihr/ihm mit großer Wahrscheinlichkeit keinen Grund, die Trennungsentscheidung zu überdenken – vom »Rückgängig machen« ganz zu schweigen.

Eine andere, bessere Strategie muß also her. Bloß welche? Ein möglicher Schlüssel für den Weg zum Neubeginn besteht darin, die Prioritäten umzukehren. Nicht Sie selbst, sondern Ihr Expartner muß die Hauptrolle in diesem Drama spielen. Und nicht Ihr Ziel, das Wiederzusammenfinden, sondern seine Entscheidung, die Trennung, muß Hauptthema sein.

Aber was genau können Sie da tun, und wie? Nun, das kann tatsächlich einfacher sein als Sie denken. Denn lediglich den ersten Stupser in die richtige Richtung, den können und müssen Sie selbst veranlassen. Und dieser Stupser sollte darauf abzielen, daß Ihr Expartner seinen Trennungsentschluß *aus eigenem Antrieb heraus* noch einmal überdenkt. Es sollte bei ihr/ihm die Bereitschaft erzeugt werden, ein wenig mehr, und vorbehaltlos, über Sie, den Expartner und über sie, das frühere Paar, nachzudenken. Das bedeutet unter anderem auch, daß bisherige eigene Standpunkte und Einschätzungen flexibel und aufgeschlossen betrachtet werden sollten. Schließlich müßte sie/er entdecken oder zumindest annehmen können, daß der Trennungsentschluß möglicherweise nicht die beste Entscheidung war: Sei es weil übereilt, weil auf unrichtigen Einschätzungen basierend, weil . . .

Wie auch immer ihre/seine Begründungen lauten, um die eigene Entscheidung in Zweifel zu stellen oder zu-rückzunehmen: Sie sind völlig unwichtig. Überlassen Sie die freie Auswahl getrost ihr oder ihm. Wesentlich ist einzig, daß *sie/er selbst* eine oder mehrere Rechtfertigungen für die Änderung seiner eigenen Entscheidung findet, und diese *freien Willens akzeptiert.*

• • •

Aber wie soll all das zu schaffen sein? Nun, falls Sie Ihre völlig unschuldigen Lebensstunden nicht mit den berühmten „*Warum bloß immer ich?*"-Gedanken vergrübeln möchten, dann gäbe es vielleicht einen Vorschlag für Ihre wertvolle und nicht wiederkehrende Zeit auf diesem Planeten. Bevor wir aber beginnen, diesen Lösungsvorschlag im Detail zu besprechen, ist es sinnvoll und wichtig, daß Sie einige grundsätzliche Prinzipien und Regeln kennenlernen. Es handelt sich um Regeln des menschlichen Miteinanders und der menschliche Psyche, angewandt auf Trennungssituationen innerhalb von Partnerschaften. Sie zu kennen wird Ihnen nicht nur helfen, die kommende Aufgabe der Zurückgewinnung besser zu bewältigen. Die Prinzipien und Regeln werden Ihnen auch in der Zeit danach helfen, wenn es, toitoitoi, dann vielleicht darum gehen wird, aus der wieder glücklich aktiven Beziehung eine tiefe und andauernde Partnerschaft zu machen.

1.

Nur die Gegenwart zählt!
Nicht die Vergangenheit,
nicht die Zukunft.

Bitte bedenken Sie: Obwohl Ihr Ziel natürlich in der Zukunft liegt, so wird doch die Straße dorthin genau hier und jetzt gebaut. Daher zählt der Ist-Zustand alles, der War- oder Wird-Zustand zählt zunächst überhaupt nichts. Vermeiden Sie unbedingt die beiden immer wieder vorkommenden Standardfehler:

*»Weil sie/er irgendwann **dies und das** machte/sagte, werde ich **das und dies** sagen/machen.«*

und ebenso

*»Falls sie/er **dies und das** machen/sagen wird, dann würde ich **das und dies** sagen/machen.«*

2.

Kooperation –
nicht Durchsetzung,
nicht Flucht.

. . . lautet die Devise. Dies gelingt am besten und einfachsten, wenn Sie die Vorstellungen Ihres Gegenübers stets genau gleichwertig berücksichtigen im Vergleich zu Ihren eigenen – und zwar nicht nur bei allen persönlichen, mündlichen und schriftlichen Kontakten. Sondern sogar dann, wenn Sie nur für sich allein über sie/ihn oder über sie beide nachdenken.

Gemeinsamkeit herstellen lautet das Ziel: Nicht kleinmachen. Nicht aufgeben. Nicht versuchen zu dominieren. Nicht fluchtartig das Feld räumen.

3.

Großzügigkeit und Risiko – nicht Berechnung und Absicherung.

Eine kleine aber regelrechte Kunst ist es, großzügig zu sein und Risiko einzugehen – also dem Gegenüber die Freiheit zu lassen, ganz nach eigenem Wunsch »Ja« oder eben auch »Nein« zu sagen – und zwar ohne zu beurteilen oder gar zu verurteilen, falls diese Freiheit dann auch tatsächlich einmal genutzt wird.

Beschränken Sie sich einfach auf die Mitteilungen Ihrer Sinne: Also darauf, was Sie tatsächlich von ihr/ihm sehen und hören. Befassen Sie sich *nicht* mit Vermutungen darüber, was sie/er denken, fühlen, glauben oder wollen *könnte*.

4.

Nie unterschätzen: Die Macht der eigenen Gedanken!

Angstvolle Gedanken etwa signalisieren: »Du bist gefährlich, du tust mir etwas an, ich traue dir nicht.« Das kann dazu führen, daß Ihr Gesicht Verschlossenheit und Abweisung ausstrahlt, obwohl Sie das Gegenteil wünschen. Trickreiche Gedanken wie »Was sag' ich bloß, damit sie/er es sich anders überlegt?", „Hoffentlich sage ich nichts Falsches" und ähnliche weisen in die gleiche Richtung. Sie lassen sich auch verstehen als »Ich will nicht, daß Du denkst und fühlst was Du willst.« Auch eine gewisse Verschlagenheit wird zu erkennen sein. Larmoyante Gedanken wie „Mir fällt nichts ein.", „Ich bin zu langweilig." erzeugen einen nur schwer zu kontrollierenden Gesichtsausdruck, in diesem Fall einen jämmerlichen. Und unerfragte Begründungen wirken immer verdächtig und negativ: »Wenn ich es Dir jetzt nicht sage, werde ich mich später ärgern, daher: Schläfst Du heute bei mir?«

Der Zauberbrief

Wie der Titel dieses Ratgebers schon sachte mit dem Holzhämmerchen andeutet: Vielleicht existiert eine Möglichkeit, Ihren Expartner wiederzubekommen. Und die geht so: Sie schreiben ihm einen Brief. Natürlich nicht irgendeinen Durchschnittsbrief, den man mal schnell hinschreibt, weil einem sonst nichts Besseres einfällt. Nein, hier ist die Rede von *dem* Brief – verfasst und formuliert nach erfolgreichen psychologischen Erkenntnissen der Text- und Redenformulierung, um den Empfänger auf subtile Weise zum selbstständigen Nachdenken anzuregen. Und um eine innere Bereitschaft zu erzeugen, eigene Meinungen und Entscheidungen neutraler und flexibler zu beurteilen.

Aber weshalb überhaupt ein Brief? Man könnte doch einfach anrufen. Oder sich gleich treffen. Leider bloß – so einfach ist es nicht. Denn ansonsten wäre ja zu beobachten, daß nahezu jede Trennung auch wieder zusammenführt. Das aber ist ganz eindeutig nicht der Fall. Denn viele Trennungen verlaufen nach ähnlichem Schema. Eines, das wegen der typisch menschlichen Verhaltensweisen leider keine vorteilhafte Grundlage für einen Neubeginn bietet. Um diesen eher nachteiligen Verhaltensmustern so gut wie möglich aus dem Weg zu gehen, bietet ein Brief ganz wesentliche Vorteile gegenüber dem direkten persönlichen Kontakt: Denn völlig unbeeinflußt und frei von momentanem

1. Antwortzwang

2. Reaktionszwang

3. Verteidigungszwang

– alle drei können im persönlichen Gespräch oder Telefonat schneller auftreten als einem lieb ist, vermeidet die professionelle schriftliche Kommunikation einige der schwierig zu beherrschenden Fallstricke, die in der folgenden Liste aufgeführt sind.

Aus diesen Gründen kann sich ein Brief auch als Rettungsversuch für diejenigen Trennungsfälle eignen, in denen der Expartner »richtig sauer« ist und vielleicht nicht einmal mehr am Telefon mit der anderen Hälfte sprechen möchte.

Ein Brief also. Auf den folgenden Seiten erhalten Sie eine detaillierte Anleitung, wie ein solcher Text zu erstellen ist. Sie werden schnell feststellen, daß es sich dabei um eine anspruchsvolle Aufgabe handelt. Die eigenen, erfolgversprechenden Sätze zu formulieren wird Stunden und Tage Ihrer Zeit in Anspruch nehmen. Es wird, im wahrsten Sinne des Wortes, auf jedes einzelne Wort ankommen. Aber bevor Sie beginnen, ist es noch gut zu wissen, daß dieses Zauberbrief-Verfahren nur einmal funktioniert:

BRIEFKOMMUNIKATION
- DIE VORTEILE -

1. Geschriebenes Wort gestattet es gut, sich **ruhig und wohlüberlegt** mit dem Expartner auseinanderzusetzen. Ein nennenswerter Teil von möglichen Mißverständnissen wird von vornherein verhindert.

2. **Vorschnellen Urteilen** und erregten Gemütern, auf beiden Seiten, wird effektiv vorgebeugt.

3. Schon aufgrund der normalen menschlichen Neugier wird ein eingehender Brief **nahezu immer vollständig gelesen**. Telefonate und persönliche Treffen dagegen stehen ebenso immer unter dem Risiko, aus Erregung oder „Genervtheit" vorzeitig abgebrochen zu werden – oder noch schlimmer: in eine völlig falsche Richtung zu laufen.

4. Die **Verwendung geschickter Diplomatie** ist recht einfach möglich in geschriebenem Text – ein Vorteil, der vielen Menschen im gefühlsbeladenen persönlichen Gespräch schwerfällt wahrzunehmen.

5. Der Briefempfänger **kann nicht unmittelbar, nicht impulsiv, widersprechen**.

6. Der Briefempfänger hat Ihre Gedanken unauslöschlich vor Augen. **»Gehört und vergessen«** kann nicht geschehen.

Falls sie beide aufgrund Ihres Briefes wieder zu-
sammenfinden und sich zu einem späteren Zeitpunkt erneut trennen, dann wird es keine dritte
Chance mehr geben.

Als kleiner zusätzlicher Hinweis darf auch einmal kurz daran gedacht werden, daß sieben
Milliarden Menschen auf der Erde leben. Von
diesen kann jeder Einzelne nur einen Einzigen
dieser sieben Milliarden dauerhaft ändern: Sich
selbst.

Aber nun wollen wir beginnen. Sie benötigen ein
wenig Zeit, einen Stift und ein paar Blatt Papier
oder Ihren Computer. Und natürlich das Wichtigste: 1. Konzentration, 2. Erinnerungsvermö-
gen und 3. Objektivität. Sind Sie außerdem mit
der festen Absicht gewappnet, sich nicht um
einzelne der folgenden Regeln herumzumogeln,
dann haben Sie die erste Voraussetzung für
Ihren Erfolg bereits erfüllt.

GRUNDREGEL 1

Mit dem Entschluß, Ihren Expartner wieder-
zugewinnen, haben Sie sich ein sehr ehrgeiziges
Ziel gesetzt – und der Erfolg wird nicht ver-
schenkt: **Richten Sie Ihre Gedanken und Ihr
Handeln ab sofort bedingungslos an diesem
Ziel aus.**

GRUNDREGEL 2

Achten und respektieren Sie den Trennungsentschluß Ihres Ex-Partners. Es handelt sich um
eine freie Entscheidung eines freien Individu-
ums. Treten Sie ihr/ihm auf keinen Fall zu nahe,
etwa durch erregte oder bedrängende Anrufe
und Treffen: **Zurückhaltung ist im Moment
Ihr bester Freund.**

GRUNDREGEL 3

Falls es bereits zu spät ist für Grundregel 2,
dann sollten Sie nun zunächst einige Wochen in
das Land ziehen lassen, bevor Sie Ihren Brief
formulieren und absenden: **Während dieser
Warteperiode verzichten Sie am besten völlig, ohne Ausnahme, auf jeden *selbst herge-
stellten* Kontakt zu ihr/ihm.**

GRUNDREGEL 4

Falls Ihr Expartner sich bei Ihnen meldet, *bevor*
Sie Ihren Brief absenden – zum Beispiel, weil es
noch irgendwelche abschließende Regelungen zu
treffen gibt – dann können Sie ohne weiteres
darauf eingehen. Bleiben Sie ihr/ihm gegenüber
dabei ruhig und sachlich. Seien Sie weder devot
zuvorkommend noch abweisend kühl. Behan-
deln Sie sie/ihn, und sprechen Sie zu ihr/ihm
wie zu einem netten Bekannten – so schwer Ih-

nen das wahrscheinlich auch fallen mag. Geben Sie nach, falls Differenzen um irgendwelche Regelungen entstehen – aber natürlich nur, falls Sie sich mit den Konsequenzen des Nachgebens einverstanden erklären können: **»*Keine weiteren Anspannungen*« heißt ab sofort die Devise.**

GRUNDREGEL 5

Ziehen Sie das Telefonat oder Treffen aus „Grundregel 4" nicht künstlich in die Länge: **Beenden *Sie selbst* den Kontakt ruhig und höflich, *sobald* der Grund dafür erledigt ist.**
Eine kleine Notlüge ist erlaubt um Ihre Verabschiedung überzeugender zu gestalten, falls das nötig sein sollte. Also zum Beispiel: »Stefan, ich habe einen Zahnarzttermin um 16.00 Uhr und muß jetzt auflegen. Ruf mich einfach wieder an, wenn es noch etwas zu erledigen gibt, o.k. ?«

• • •

Die Einhaltung dieser universellen Grundregeln und Empfehlungen aus vielen Jahrzehnten Psychologie auf allen Kontinenten dieser Erde wird dringend empfohlen. Und nun starten wir Ihre persönliche Mission:

„I still love you!"

Schritt 1 — Die Bestandsaufnahme

Vielleicht führen Sie die gesamte folgende Prozedur am besten zuhause durch. Sich in ein Bistro oder sonstwo in die Öffentlichkeit zu setzen, das mag bei einigen Menschen funktionieren – zu empfehlen ist es aber nicht: Die Erfahrungen zeigen, daß viele Menschen dann zuviel Ablenkung erleiden und zuwenig Konzentration aufbringen.

Nehmen Sie sich lieber ein paar ruhige Stunden zuhause. Machen Sie es sich gemütlich, schalten Sie Ihre Lieblingsmusik ein und legen Sie sich einige Blatt Papier und einen Stift zu-recht. Vielleicht stöpseln oder schalten Sie auch noch das Telefon aus.

Setzen Sie sich dann mit einer Tasse Kaffee oder Tee bequem an den Tisch und schreiben Sie eine Liste, nennen wir sie die Liste 1. Auf dieser Liste 1 notieren Sie bitte zeilenweise untereinander – und zwar so

- objektiv,
- vollständig und
- wohlüberlegt

wie nur möglich – all diejenigen Gründe, von denen Sie entweder genau wissen oder mindestens annehmen, daß diese Ihre/n Expartner/in an der gemeinsamen Beziehung mit Ihnen störten oder nervten. Zusätzlich gehören auch diejenigen Gründe, die sie/er zumindest als verbesserungswürdig empfand, auf Liste 1: Eben auch die störenden Winzigkeiten aus dem Beziehungsalltag.

Falls tatsächlich vorhanden oder zumindest vermutet, gehört auch Kritik an Ihrer eigenen Person auf diese Liste: »Deine neue Frisur/Haarfarbe/Hose sieht ... aus!«, »Warum bist Du bloß immer so unflexibel?« und alles ähnliche sollte notiert werden.

Lassen Sie sich mit dieser Zusammenstellung ausreichend Zeit. Weder eilt es, noch gibt es Grund für hektische Betriebsamkeit. Exakte definierte Aussagen und eine möglichst vollständige Übersicht sind viel wichtiger als ein paar gesparte Minuten.

Sobald Sie dann fertig sind mit Liste 1, kommen wir zum fairen Ausgleich. Beginnen Sie auf einem zweiten Blatt Papier eine neue Liste, die Liste 2. Auf ihr notieren Sie nun umgekehrt – natürlich ebenso objektiv, vollständig und wohlüberlegt wie eben – welche Eigenarten oder Begebenheiten Sie selbst an der Beziehung oder am Expartner als störend, nervend oder »irgendwie nicht so perfekt« empfanden. Realistischerweise sollten sich einige Punkte finden lassen. Und genau wie bei Liste 1 gehören auch die berühmten Kleinigkeiten aus dem Beziehungsalltag aufgeschrieben.

Seien Sie besonders vorsichtig und achtsam bei entdeckter Verklärung: Falls Sie keinen einzigen verbesserungswürdigen Punkt an Ihrem Expartner finden können, dann ist die Gefahr sehr groß, daß Sie entweder ein unkorrektes oder ein unrealistisches Bild von ihm und/oder von Ihrer bisherigen Beziehung besitzen: Keine gute Vorraussetzung für den Versuch eines Neubeginns, und auch keine gute Voraussetzung für einen tatsächlich zustande kommenden Neubeginn.

. . .

Schritt 2   Analyse und Selektion

In diesem zweiten Schritt werden Sie nun die beiden entstandenen Listen auswerten. Dazu markieren Sie auf Liste 1 genau drei der notierten Gründe. Und zwar diejenigen drei, die Ihnen:

- nach genauem Überdenken am wenigsten bedeuten, und/oder
- die für Ihr eigenes Empfinden nur wenig wichtige Kleinigkeiten sind *und*
- mit deren Abstellung oder Änderung sie kein oder nur ein geringes Problem hätten.

Diese Bedingungen müssen gleichzeitig erfüllt sein. Durch die Markierung der entsprechenden Zeilen auf Ihrer Liste erklären Sie sich ohne jede Einschränkung bereit, diese Punkte

- ab sofort,
- ohne weitere Diskussion,
- und ohne Ausgleichsforderung, also ohne jede Bedingung

zur Disposition zu stellen. Bitte beachten Sie außerdem, daß es bei Ihrer Auswahl keine Rolle spielen darf, ob die vermutete oder vorhandene Kritik des Expartners Ihrer Meinung nach zu Recht besteht. Selbst wenn ihre/seine Kritik nach Ihrer Meinung falsch oder unfair ist: Handelt es sich für Sie um mehr oder weniger unwichtige Kleinigkeiten, dann markieren Sie sie bitte.

Danach markieren Sie bitte umgekehrt auf Liste 2 drei derjenigen Punkte, von denen Sie wissen oder annehmen, daß diese für Ihren Expartner eher zur unwichtigen Kategorie gehören.

• • •

Schritt 3   Erstellen des Textgerüsts

Nun beginnt die eigentliche Aufgabe der Textformulierung. Setzen Sie, zunächst lediglich als Entwurf, einen Brief an Ihren Expartner auf. Um Ihnen diese Aufgabe zu erleichtern, folgt nun eine ganze Reihe von Formulierungsregeln, insgesamt sind es 13 Stück. Versuchen Sie bitte, sowohl die einzelnen Regeln als auch die beschriebene Reihenfolge so gut wie möglich einzuhalten.

FORMULIERUNGSREGEL 1 ————————

Sprechen Sie sie/ihn in der Briefanrede mit ihrem/seinem Rufnamen an. Also „Liebe Marion" oder „Lieber Michael", aber *nicht* „Mein Liebling/Schatzi/Mausi/..."

erfüllt ☐

FORMULIERUNGSREGEL 2 ————————

Beginnen Sie Ihren Text damit, daß Sie in der letzten Zeit viel über sie beide nachgedacht haben. Schreiben Sie in einem lockeren und flüssigen Erzählstil – ganz genau so, als ob Sie mit einem guten Freund beim Kaffee sitzen.

erfüllt ☐

FORMULIERUNGSREGEL 3 ————————————

Vermeiden Sie im gesamten Text Erzählungen und Erinnerungen zur gemeinsamen Zeit. Melancholien, aber auch objektive Geschichten aus der Zeit des Kennenlernens, des ersten Italienurlaubs und ähnliches sind nicht erlaubt: *Alle* zurückliegenden Inhalte „aus der besseren Zeit" sind tabu in diesem Brief. Einzige Ausnahme: Formulierungsregel 8 und 9.

erfüllt ☐

FORMULIERUNGSREGEL 4 ————————————

Sprechen Sie einen oder zwei, und jetzt bitte ganz genau lesen, *ihrer/seiner „Fehler"* an. Also einen oder zwei der markierten Punkte auf Liste 2. Sachte und verständnisvoll sollte das geschehen. Betrachten Sie die Einzelfälle am Ende des Textabsatzes immer auch von ihrer/seiner Seite, also beispielsweise so:

> *»Seitdem Du nicht mehr da bist, habe ich morgens endlich wieder eine verschlossene Zahnpastatube. Du weißt ja, es hat mich immer genervt, wenn Du sie offen liegengelassen hast. Aber naja, schließlich warst Du durch den blöden Busfahrplan immer sehr im Zeitstreß.«*

erfüllt ☐

FORMULIERUNGSREGEL 5 ——————

Vermeiden Sie Schuldzuweisungen jeder Art. Wirklich jeder Art. Sogar dann, wenn hundertprozentig überzeugt sind, im Recht zu sein: Absolut gar keine Schuldzuweisungen! Im Zweifel lassen Sie das strittige Thema einfach weg.

erfüllt ☐

FORMULIERUNGSREGEL 6 ——————

Sprechen Sie nun einen oder zwei der markierten Punkte auf Liste 1 an. Nach kurzer neutraler Betrachtung des Falles geben Sie ihr/ihm ausdrücklich Recht! Bieten Sie gleich im Anschluß auf indirekte Weise eine Lösung an. Zum Beispiel indem Sie sich selbst (!) fragen, warum sie beide das Problem niemals »so und so« behandelt haben.

erfüllt ☐

FORMULIERUNGSREGEL 7 ——————

Sprechen Sie sie/ihn mitten im Text nochmals beim Vornamen an.

erfüllt ☐

FORMULIERUNGSREGEL 8 ——————

Drücken Sie im letzten Viertel des Briefes aus, daß Sie stolz auf sie/ihn waren *und immer noch sind* – und zwar hinsichtlich einer *echten* Eigenschaft oder eines *echten* Vorkommnisses. Falls Ihnen gar nichts anderes einfällt, könnten Sie sogar auf ihre/seine Konsequenz beim Durchziehen der Trennung stolz sein.

erfüllt ☐

FORMULIERUNGSREGEL 9 ——————————

Loben Sie sie/ihn für etwas *Wahres*. Achtung: Dieser Punkt ist verschieden von Regel 8. Auf etwas stolz sein oder etwas loben, das sind zwei verschiedene Dinge.

erfüllt ☐

FORMULIERUNGSREGEL 10 ——————————

Überlassen Sie die Entscheidung über das weitere Vorgehen nach dem Briefeingang einzig ihr oder ihm. Bieten Sie in Ihrem Text *keine* Angebote wie »Wir könnten uns ja mal treffen.« »Ruf´ doch mal an.« oder ähnliches an.

erfüllt ☐

FORMULIERUNGSREGEL 11 ——————————

Schließen Sie Ihren Text mit einer lieben und herzlichen Abschlußformel, aber vermeiden Sie »Dein/Deine...«. Auch alle Kosenamen, die sie/er Ihnen je gab, sind tabu. Verwenden Sie einfach Ihren Vornamen.

erfüllt □

FORMULIERUNGSREGEL 12 ⎯⎯⎯⎯⎯⎯

Selbstverständlich dürfen keinerlei Beschimpfungen und Beleidigungen in Ihrem Text enthalten sein – nicht einmal andeutungsweise. Bedenken Sie, daß in Ihrer Situation Hypersensibilität häufig auftritt – und zwar auf beiden Seiten. Jeder einzelne Satz in Ihrem Text, der auch nur entfernt verdächtig ist, ein Mißverständnis erzeugen zu können, muß sofort wieder gestrichen werden.

erfüllt □

FORMULIERUNGSREGEL 13 ⎯⎯⎯⎯⎯⎯

Die Länge Ihres Briefes in absendebereiter, handschriftlicher Form sollte zwischen zwei und vier DIN A4 Seiten (nicht Blätter!) liegen.

erfüllt □

Schritt 4 Die Zentrik

Nachdem Sie Ihren Textentwurf vollständig zu Papier oder Monitor brachten und vielleicht schon hoffen »Nun ist es endlich geschafft!«, kommen wir doch nur zum nächsten arbeitsamen Schritt, einem der wichtigsten überhaupt auf dem Weg zur erfolgreichen Formulierung.

1. Zählen Sie bitte in Ihrem Text – und zwar von oben nach unten, Wort für Wort – alle „ich", „mir", „mich", „meine", „meines" (usw.) zusammen und notieren diese Summe.

2. Zählen Sie dann auf dieselbe Art und Weise alle „Du", „Dir", „Dich", „Deine", „Deines" (usw.) und notieren auch diese Summe. Es gibt übrigens tatsächlich immer noch Briefempfänger, die es für angebracht halten, daß an sie gerichtete Anreden, also alle »Du", „Deine" (usw.) groß geschrieben werden.

• • •

Beispiel: »*Gestern habe ich an Dich denken müssen. Auf dem Weg zum Einkaufen nahm mir ein Golf, genau wie Deiner, die Vorfahrt. Ich mußte scharf*

ausweichen, sonst wäre ich Dir reingefahren – hab'
ich gedacht. Erst danach sah ich am Nummern-
schild, daß es ein Fremder war.«

• • •

Die Ich-Summe für diesen Beispieltext beträgt:
„Ich (usw.)" = 6. Die Du-Summe für diesen
Beispieltext beträgt: „Du (usw.)" = 3.
Vergleichen Sie nun Ihre beiden gezählten Sum-
men. Mit großer Wahrscheinlichkeit werden die
„Ich (usw.)" überwiegen. Deshalb beginnt jetzt
die eigentliche Arbeit: Formulieren Sie in diesem
Fall Ihren gesamten Text solange um, bis die
Anzahl der „Du (usw.)" **mindestens ebenso**
groß ist wie die Anzahl der „Ich (usw.)". Was
„mindestens" bedeutet, ist natürlich klar: Die
Du-Summe darf gerne größer sein – aber
niemals, niemals kleiner als die Ich-Summe.
Um dieses Ziel zu erreichen, werden Sie wahrscheinlich nicht umhinkommen, mehrere Sätze
oder sogar ganze Absätze neu zu formulieren.
Da sich dadurch der bisherige Text ändert, über-
prüfen Sie bitte anschließend, ob die vorherigen
Formulierungsregeln noch beachtet sind.
Wenn schließlich dieser Schritt 4 tapfer erledigt
ist, dann haben Sie sich eine Projektpause red-
lich verdient: Legen Sie Ihren fertigen Entwurfs-
text erst einmal beiseite und vergessen ihn bis
morgen. Gehen Sie vielleicht wieder einmal ins
Kino, treffen Sie sich mit Freunden oder lenken

Sie sich anders ab: Wenn möglich, außerhalb der eigenen vier Wände.

Das Ziel hierbei lautet, den bisher erarbeiteten Text für einige Stunden so gut wie möglich aus dem aktuellen Bewußtsein zu entfernen oder zumindest ein wenig zu überspülen. Denn ein gewisser Abstand zum Text wird nötig sein, da kein Lektor zu Verfügung steht, und dritte Personen ohnehin nicht an Ihrem persönlichen Text arbeiten sollten.

• • •

Schritt 5   Der Gedanken- & Textfluß

Morgen – bitte nicht bereits in ein paar Stunden, sondern wirklich erst morgen oder übermorgen: Mindestens eine durchschlafene Nacht sollte vergangen sein – nehmen Sie Ihren Text wieder aus der Schublade oder Festplatte und beginnen etwas, was Sie vielleicht noch nie gemacht haben:

Lesen Sie sich Ihren Brief selbst vor. Und zwar nicht in Gedanken, sondern tatsächlich normal laut gesprochen. Die Vermeidung von Hintergrundgeräuschen von Radio und Fernseher ist vorteilhaft. Stellen Sie sich beim Lesen vor, daß Sie selbst diesen Brief erhielten. Statt »Liebe Susanne« in der Anrede lesen Sie »Lieber Stefan«, falls Sie Stefan heißen.

Jede einzelne Textstelle, an der Sie beim Sprechen, oder auch nur in Gedanken, stocken – etwa weil der Sinn des Geschriebenen nicht sofort klar wird, oder weil die Textstelle irgendwie »komisch« wirkt – muß nach den obigen Regeln entweder neu formuliert oder aber entfernt werden. Gehen Sie über ein »Stocken« beim Vorlesen bitte nie ohne folgende Textänderung hinweg.

Darüberhinaus setzt jede Textänderung die »Morgen« - Regel erneut in Kraft, also: Text nach Änderung in Schublade, sich ablenken, am nächsten Tag sich selbst vorlesen. Ihr Text gilt erst dann als absendewürdig, wenn er an keiner einzigen Stelle unbekannte, unangenehme oder unsichere Gefühle oder Gedanken weckt. Es gilt Zero-Tolerance: An keiner einzigen Stelle!

• • •

Schritt 6   Korrespondierende Signale

Nun endlich ist es wirklich geschafft: Sie haben einen klug durchdachten Text an Ihren Expartner, fast könnte man sagen, komponiert, der nach allen Regeln der Kunst das Beste ist, was Sie zur Zeit tun können. Die Geistesarbeit ist damit also vollbracht. Nun folgt der körperliche Einsatz. Denn einfach den Laserdrucker einschalten – das ist für unseren Zweck nicht erlaubt.

- Ein sehr wichtiges Signal an Informations-empfänger besteht darin, nicht nur durch Inhalte, sondern ebenso durch die äußere Form einen ernsthaften, engagierten und glaubwürdigen Eindruck zu vermitteln, und dadurch den Briefinhalt auf indirekte Weise zu verifizieren. Schreiben Sie deshalb Ihren Text bitte mit einem <u>Tintenfüller,</u> und *nicht* mit Kugelschreiber Filzstift oder Bleistift. Maschinelles Drucken, also per Schreibma-schine oder Computerdrucker, kommt schon gar nicht in Frage! Bitte kaufen Sie einen Füller, falls notwendig: Auch günstige Schülerangebote erfüllen den Zweck.

erfüllt ☐

- Geschrieben wird auf weißes Papier im DIN A4 Format. Papierbögen ohne Löcher, ohne Linien (weder vorgedruckte noch selbstgezogene), ohne Abrißmarkierungen, ohne Knicke und ohne Flecken sind Standardanforderungen – und nicht etwa Luxus. Denken Sie an den eingangs erwähnten Hinweis: Durch das »Herummogeln« um einzelne Punkte verringert sich Ihre Erfolgsaussicht.

erfüllt ☐

- Ein oder zwei Schreibfehler (Durchstreicher) sind erlaubt und machen Ihren Brief sogar natürlicher: Schließlich schreibt ein fühlender Mensch und keine Maschine. Ab dem dritten Fehler allerdings überwiegt der Eindruck von Schlampigkeit und Unkonzentriertheit. Daher heißt es ab dem dritten Durchstreicher auf jeden Fall: Nocheinmal schreiben.

erfüllt ☐

Schritt 7   **Der Sendungsumfang**

Kopieren Sie Ihren absendebereiten Brief. Beschriften Sie auch das Kuvert handschriftlich mit dem Tintenfüller. Jetzt noch die Frage: Soll der Absender außen auf das Kuvert oder nicht? Antwort: Offene und ehrliche Verhältnisse beginnen im Kleinen. Ihr Brief sollte Ihren Absender tragen. Ihr Expartner kennt und erkennt Ihre Handschrift ohnehin. Die Absenderangabe hat außerdem den Vorteil, daß Sie von Unzustellbarkeit oder Umzug erfahren. Kuvertieren Sie dann das Original ein – unterschreiben nicht vergessen! – und legen Sie Ihrem Brief nichts weiter bei:

- Keine Blumen
- Kein kleines Geschenk
- Keine Aufmerksamkeit
- Keinen Gutschein
- Keine Parfümierung
- Keine sonstigen Extravaganzen
- Einfach: Gar nichts.

Versenden Sie Ihren Brief pur und mit Absender: Briefmarke drauf – und ab geht die Post.

Schritt 8 Nach der Antwort

Nach dem Absenden bleibt Ihnen zunächst nichts weiter übrig, als auf eine Antwort zu warten. Daß Sie eine erhalten, das ist recht wahrscheinlich. Doch wie lang wird das dauern? Die Wartezeit wird unter anderem da-von abhängen, auf welche Art Ihr Expartner antworten wird. Falls sie oder er sich auch für eine schriftliche Antwort entscheidet, dann könnte Ihre Geduld ein wenig auf die Probe gestellt werden. Kalkulieren Sie einmal:

Zwei Tage braucht Ihr Brief bis zum Empfänger. Dann folgt ein Tag lesen, zwei Tage nachdenken, zwei Tage Antwortbrief schreiben, zwei Tage Postweg. Das macht zusammen neun Tage: Fast einhalb Wochen Wartezeit auf die Antwort ist also das Minimum. Viel schneller kann es gar nicht gehen! Nicht selten wird es länger dauern. Werden Sie also bitte nicht zu früh ungeduldig.

Wenn der Antwortbrief dann gekommen ist *und darin nichts anderes gesagt wird*, dann sollten Sie wieder schriftlich antworten. Beachten Sie in diesem zweiten Brief die gleichen Regeln wie bei Ihrem ersten Text und achten Sie mithilfe Ihrer Kopie darauf, sich in den Folgebriefen nicht zu widersprechen. Und bleiben Sie, falls die Sprache darauf kommt, bei Ihren Angaben zu den Dingen, die Sie als störend empfinden – wenn auch sachte und sachlich. Übrigens gelten die gleichen Verhaltensvorschläge auch für den Fall, daß sie/er telefonisch antwortet. Obgleich im persönlichen Gespräch um einiges schwieriger, sollten Sie dann auch versuchen, die besprochenen Regeln der Textformulierung zu beachten.

• • •

Zum Zauberbrief-Abschluß

Wenn Sie hier angekommen sind, haben Sie einen Text formuliert und abgeschickt, der das Empfängerherz schwerlich kalt lassen wird und dennoch die Ratio anspricht. Wie leicht zu erkennen ist, überredet Ihr Text zu überhaupt nichts – das wäre fatal. Vielmehr regt der Brief zum eigenständigen Nach- und Überdenken an, und er verstärkt ein wenig die sogenannte Entscheidungsunsicherheit.

Ihr Expartner wird Sie als anteilnehmenden Menschen, der sich trotz allem nicht selbst aufgibt, im Bewußtsein haben. Eine nicht selten gehörte Reaktion des Briefempfängers ist ein positiv überraschtes »So kenne ich sie/ihn ja gar nicht!«

Ob sich nun zwischen Ihnen beiden ein reger Schriftwechsel entwickelt, oder ob vielleicht lieber zum Telefon gegriffen wird, das kann zur Zeit niemand wissen. Doch wenn Sie es geschafft haben, eine neutrale oder sogar sympathische Antwort von Ihrem Expartner zu erhalten, dann wird es möglicherweise nicht mehr allzulang dauern, bis es zwischen ihnen zu einem Wiedersehen kommt.

Dieses Treffen wird entspannt beginnen, und Ihre ExLiebe wird Ihnen mit einem zumindest leicht geöffnetem Herzen gegenüber sitzen. Allerspätestens zu diesem Zeitpunkt dürfen Sie sich ruhig einmal selbst auf die Schulter klopfen: Sie sind weit gekommen. Viel weiter als die meisten Menschen in vergleichbarer Situation. Versuchen Sie diesen ausgeglichenen Zustand zwischen ihnen beiden so gut wie möglich zu bewahren – dann wird sie oder er Ihnen demnächst vielleicht mitteilen, daß man es sich ja noch einmal überlegen könnte . . .

• • •

Es hat geklappt. Ihre Traumbeziehung. Sie haben sie wieder. Eine gewisse Stabilität scheint sich langsam aufzubauen, hoffnungsfrohen Zukunftsaussichten steht nichts im Weg. Doch wie soll es jetzt weitergehen? Etwa genau wie bisher? Oder einfach abwarten, wie sich alles entwickelt? Beides kann keine langfristige Lösung sein, schließlich gab es doch Gründe für die zurückliegende Trennung! Deswegen sollte, auch wenn gerade alles „gut aussieht", eine Verbesserung der Beziehung erstrebt werden. Nur Sensibilität und Stabilität ist eine Basis für eine lange gemeinsame Zeit. Und wie sich Ihre Zukunft entwickelt, das beeinflussen Sie selbst in einem hohem Maß: Heute und Jetzt.

• • •

Sie möchten Ihre Beziehung festigen. Nicht länger mit im Schoß gefalteten Händen vor sich hin warten. Gut. Doch schon im Normalfall, also in überwiegend problemlos verlaufenden Partnerschaften, hängt das Erreichen dieses Zieles zu 50 Prozent von Ihnen ab. Nun, da Partner /in sich gerade erst wieder zurückentschlossen hat und im Innern noch keineswegs fest zu diesem Entschluß steht, erhöht sich Ihr Anteil für die kommende Zeit auf weit über 50 Prozent: Für einige Wochen und Monate sind Sie mehr gefordert als Ihr Partner. Denken Sie daran, falls ein Zeitpunkt kommen sollte, an dem Sie sich als einseitig Gebende/r fühlen.

Um nicht hyperaktiv in erwartungsvollen Aktionismus zu verfallen ist es ratsam, sich gedanklich auf die kommende Zeit des Hinarbeitens einzustellen und dabei die Macht des eigenen Willens nicht zu unterschätzen. Denn nicht von ungefähr heißt es: „Der Glaube kann Berge versetzen." Damit wird nicht der Hypnose oder gar der Telepathie das Wort geredet. Gemeint ist vielmehr die Tatsache, daß intensive innere (gedankliche) Beschäftigung mit Situationen, die durch eigenes Verhalten beeinflußbar sind, zu realen, äußeren Ergebnissen führen kann.[1] Ein bekanntes Beispiel dafür ist der sogenannte Placebo-Effekt: Wirkungsmittelfreie „Medika-

---

[1] ...zum Lottogewinn können Sie es durch „richtiges" Denken also nicht bringen, da es sich bei der Zahlen-Ziehung nicht um eine von Ihnen beeinflußbare Situation handelt.

mente" werden erkrankten Menschen gereicht, die nicht wissen, daß es sich um bloßen Traubenzucker in Tablettenform handelt. Dennoch werden teils sehr verblüffende Heilerfolge erzielt. Und das nur, weil die Patienten fest davon überzeugt sind, ein hochwirksames Medikament zu erhalten. Das Wissen um solche Tatsachen hilft Ihnen, Ihr Ziel zu erreichen – während Unwissende sich häufig wundern, daß trotz bester Absichten einfach nichts gelingen will.[2]

• • •

Handeln sollte niemals in ein Überreden des Partners gleiten. Überzeugt soll vielmehr werden. „Überzeugen" ist sehr wichtig, eben weil es sich um Entscheidungen von Dauer handeln soll: Überzeugungen bleiben *oft* – Überredungs-Entscheidungen aber *oft nicht lange*. Deswegen kann per Gesetz von Neukäufen wie Autos oder Zeitungs-Abonnements zurückgetreten werden. Die Grundregel hört sich simpel an: Der Partner muß *von selbst* auf eigene Gedanken kommen, die da lauten könnten:

1. Ich mag sie/ihn sehr.
2. Ich will sie/ihn nicht verlieren.
3. Es besteht immer ein Risiko, sie/ihn zu ver-

---

[2] In „Allein gelassen? Die Exliebe wiedergewinnen...und zusammenbleiben!" werden professionelle Handlungsmöglichkeiten vorgestellt, um Partnerschaften zu stabilisieren.

lieren

4. Ich will sie/ihn glücklich sehen.
5. Dieses oder jenes am Leben mit ihr/ihm hat echte Vorteile!
6. Mit ihr/ihm will ich mein Leben verbringen.
7. Sie/Er ist ideale Mama/Papa unserer Kinder.

Natürlich gibt es zahlreiche weitere Gründe. Aber auch diese persönlichen Wünsche und Ansichten, und ihre Reihenfolge, sind zunächst ohne Bedeutung. Sie hängen von individuellen Situationen und Mentalitäten ab. Wie aber soll zu schaffen sein, daß der Partner von selbst auf solche Gedanken kommt?

Der erste und wichtigste Schritt besteht darin, daß Sie diese Gedanken bei ihr/ihm – nicht verhindern! Sie haben richtig gelesen. Allzu leicht geschieht es nämlich in der ersten Phase nach einem Neubeginn, daß der Partner von Zweifeln über seine Zurück-Entscheidung geplagt wird. Schon winzige Begebenheiten können ausreichen, um dieses Entscheidung vor sich selbst in Frage zu stellen.

Diese Zweifel an kürzlich getroffenen Entscheidungen treten bei allen Menschen in vielen Lebensbereichen auf, unter anderem auch nach Kaufentscheidungen. Aus diesem Grund wird – verkaufspsychologisch nachweislich vollkommen korrekt – beispielsweise in Bedienungsanleitungen teurer Produkte immer zuerst eine

Bestärkung an den Kunden gerichtet, daß er die richtige Wahl getroffen hat: „Wir gratulieren Ihnen zu Ihrer guten und richtigen Entscheidung!"

Übertragen auf den Wiederbeginn von Partnerschaften bedeutet das: Gelingt es, die unweigerlichen Anfangszweifel an der Partnerwahl zu verhindern oder wenigstens teilweise zu zerstreuen, dann ist bereits ein großer Schritt getan.

Wenn Sie also Ihrem Partner nicht nur bei Meinungsverschiedenheiten, sondern aktiv bei allen Gelegenheiten mit positiven Gedanken auf die Sprünge helfen – und zwar ohne aufdringlich zu wirken – dann sind Sie auf dem Weg zum langandauernden Beziehungserfolg. Es gibt recht genaue Erkenntnisse und Regeln, die die Wahrscheinlichkeit solcher Gedanken beim Partner erhöhen. Je nach Intensität und Geschicklichkeit wird es nach einigen Wochen bis Monaten tatsächlich zu spürbaren Verbesserungen an der Beziehung kommen.

Mit Regeln ist das allerdings so eine Sache. Der Unsinn vieler Regeln zu Beziehungsfragen besteht darin, daß scheinbar genaue Verhaltens-Vorschriften aufgestellt werden – für unbekannte Menschen in genauso unbekannten Situationen. Da gibt es tatsächlich Aussagen wie „Gehen Sie nur ordentlich geschminkt zum Joggen!" Abgesehen davon, daß Schminken gar nicht jederfraus Sache ist: Woher will der Autor wissen, daß Leser/in joggt? Diese Art von Rat ist blanker Unsinn. Ein anderer, uralter „Common-Sense"-Rat – nicht nur für die erste Verabredung – lautet „schwer zu kriegen sein" Diese Regel mag zu früheren Zeiten, vielleicht, einmal berechtigt gewesen sein. Heutzutage jedoch sind die früheren Zeiten lange vorbei und es besteht sogar die Möglichkeit, sich mit dieser „Strategie" völlig unerwünschte, kontra-produktive Ergebnisse einzuhandeln: Wie lange wird sich wohl ein mit einem Mindestmaß an Selbstbewußtsein ausgestatteter Mensch diesem „Spiel" unterwerfen?

Aus all diesen Gründen muß die Prime-Directive aller Beziehungs-Ratschläge lauten: Die Kommunikation zwischen den Partnern – übrigens keineswegs auf Sprache und Schrift beschränkt – ist zu erleichtern und zu erweitern, und nicht zu erschweren. Sollte dazu eine geschickte, diplomatische und vielleicht auch etwas augenzwinkernde Taktik erforderlich sein: Gut – warum nicht?

• • •

Was allerdings auch nicht unerwähnt bleiben kann: Realistisch betrachtet haben Sie das Menschenmögliche unternommen, um einen Neubeginn mit dem geliebten Expartner zu ermöglichen. Allerdings sind Menschen keine berechenbaren oder gar programmierbaren Computer. Aus genau diesem Grund wurden solche Dinge

wie Wahlbefragungen und Marketinguntersuch-
ungen erfunden. Bei diesen Datenauswertungen
von menschlichen Verhaltensweisen wird immer
von Durchschnitten, Standardabweichungen
und ähnlichem gesprochen, also kurz: **V**on sta-
tistischen Wahrscheinlichkeiten. Denn mensch-
liches Verhalten im Einzelfall läßt sich kaum
vorhersagen. Hundertprozentige Sicherheiten
und Berechenbarkeiten existieren nicht. Daher
muß hier erwähnt werden, daß es Trennungsfälle gibt, in denen der Expartner es sich nicht
gestattet, über die beendete Beziehung auch nur
nachzudenken. Gegen strikte Einstellungen dieser Art kommt weder ein Brief noch irgendeine
andere Strategie an. Daher ist es klug, der Realität mutig ins Auge zu blicken: Es kann vorkom-
men, daß Ihnen die Antwort Ihres Expartners
nicht gefallen wird, oder daß Ihr Brief ohne
Antwort bleibt. Aber selbst in diesen Fällen
wissen Sie mehr als zuvor: Falls nämlich die Post
unschuldig ist und tatsächlich der Empfänger
nicht antwortet, oder falls er wenig liebenswert
antwortet, dann wäre es sicherlich klug, über
den Sinn weiterer Beziehungswiederherstell-Ver-
suche noch einmal nachzudenken.

• • •

Allein gelassen ?
Die Exliebe wiedergewinnen und
Allein gelassen? Die Exliebe wiedergewinnen...und zusammenbleiben

Diese Ratgeber liefern ausführliche Schritt-für-Schritt Anleitungen, um Ihrer Ex-Liebe das „Ex" sanft aus der Hand zu nehmen. 4. Auflage 2010 · 12 x 19 cm · Euro 7,90 · ISBN 978-3-8311-1825-0. Der erweiterte Titel bietet zusätzlich zahlreiche Tips und Kniffe, um aus der wiederhergestellten Beziehung eine dauernde Partnerschaft zu machen. 3. Auflage 2010 · 12 x 19 cm · Euro 11,90 · ISBN 978-3-8330-0692-0

Deutscher Patentschutz für 40 Euro
Wie Ihre kleinen Ideen& Erfindungen großes Geld verdienen. Mit jeder guten Produktidee kommt auch der Gelderfolg, falls das wertvolle geistige Eigentum geschützt wurde. Dafür ist amtlicher deutscher Patentschutz bereits für 40 Euro zu haben. Hier wird das offizielle Patentamtsverfahren samt dem einfachen Antrag leichtverständlich vorgestellt. 2. aktualisierte Auflage 2009 · DIN A5 · Euro 7,95 · ISBN 978-3-8334-2638-4

Wegziehen in die USA.
Das Wichtigste zu Visa, Wohnung, Arbeit, Auto, Finanzen Die USA sind Top-Einwanderungsziel unserer Erde. Dieser Ratgeber ist die Basis für Ihren ersten Schritt in das Land der unbegrenzten Möglichkeiten. Über die wichtigsten Fragen zu US-Visaarten, Kauf/Miete von Wohnung/ Haus, Stellensuche, Selbstständigkeit, Autokauf und Finanzen werden Sie direkt aus der Praxis informiert. 2. aktualisierte Auflage 2010 · DIN A5 · Euro 7,95 · ISBN 978-3-8311-4048-0

Ein gebrauchtes Auto kaufen. Die wichtigsten Tips & Tricks für Nicht-Techniker
Auf dem Privatmarkt finden sich oft günstigere Gebrauchtwagen als beim Händler – wenn man sich ein wenig auskennt. Doch wie finden sich die guten Angebote unter den fragwürdigen? Hier erfahren Sie genau: 1. Welche Anzeigen Sie besser nicht anrufen. 2. Wie Sie geschickt mit dem Verkäufer umgehen. 3. Wie Sie versteckte Mängel am Fahrzeug und in seinen Urkunden entdecken. 2. aktualisierte Auflage 2010 · DIN A5 · Euro 7,95 · ISBN 978-3-8334-9079-8

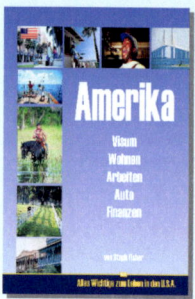

Amerika. Visa • Wohnen • Arbeiten • Auto • Finanzen

Die USA sind immer noch d a s Einwanderungsland unserer Erde, und dieser Ratgeber ist Ihre Basis für den ersten Schritt in das Land der unbegrenzten Möglichkeiten. Über die wesentlichsten Fragen erhalten Sie wichtige Informationen direkt aus erster Hand. Sogar Bewerbungsanschreiben und Lebensläufe in englischer Sprache sind enthalten. 2013 • 17 x 22 cm • Euro 8,95 • ISBN 978-3-8981-xxxx-x Gut geeignet für/als: **USA-Interessierte** • **Langzeittouristen** • **Geschenk** • **Reiselektüre**

Gestatten, Gottsucher. Wo ist eigentlich der Himmel ?

Regiert das Schicksal über uns ? Ist alles vorbei mit dem Tod ? Was wird aus mir ? Jeder Mensch hat eigene Antworten. Hier erfahren Sie, welche die Logik zuläßt – und welche der typischen menschlichen Annahmen schlicht unmöglich sind. Teil 1. 2013 • 12 x 19 cm • Euro 4,95 • ISBN 978-3-8423-xxxx-x. Gut geeignet für/als: **Nahegehende Situationen** • **Gelebtes Leben** • **Suchende** • **Zweifelnde** • **Geschenk**

Auch als E-BOOK!

Segelanfänger, USA-Anfänger

Informativ und unterhaltsam werden die Erlebnisse eines deutschen Normalbürgers hin zum tropischen Yachting-Lifestyle erzählt. Enthält vielen Tips und aktuelle WWW-Adressen aus der gelebten Praxis – Sie müssen ja nicht alles nachmachen. 2013 • 12 x 19 cm • Euro 8,95 • ISBN 978-3-8370-xxxx-x. Gut geeignet für/als: **Segelanfänger** • **USA-Interessierte** • **Auswanderungs-Interessierte** • **Kurzweilige Unterhaltung** • **Geschenk** • **Reiselektüre**

Auch als E-BOOK!

101 verblüffende Autogeheimnisse

Die erfolgreichste Maschine der Welt hält verblüffende Geheimnisse bereit, die kaum ein Mensch ahnt. Wer nicht weiß, wieviel PS ein Pferd hat, ob die „James-Bond-Wende" wirklich funktioniert und daß Züge, nicht Autos, die wahren Umweltverschmutzer sind...dann sollten Sie hier lesen. 2013 • DIN A5 • Euro 9,95 • ISBN 978-3-8311-xxxx-x Gut geeignet für/als: **Technik-Interessierte** • **Autoanfänger** • **„Alte Hasen"** • **kurzweilige Unterhaltung** • **Geschenk**

Mein erster Hausverkauf. Guter Preis – Schneller Abschluß

Wie Sie Ihre eigene Immobilie professionell, vorteilhaft und erfolgreich anbieten, und welche wichtigen Punkte dabei zu beachten sind, erfahren Sie hier. Zusätzlich zu zahlreichen Profi-Tips wird an erfolgreichen Exposé-Beispielen deutlich, wie Sie Ihr eigenes Objekt ideal anbieten und verkaufen. 2012 • DIN A5 • Euro 9,95 • ISBN 978-3-8423-8261-9. Gut geeignet für/als: **Immobilienbesitzer** • **Geschenk** • **Umzugs/Auswanderungs-Interessierte** • **Hauskäufer**

Männer zum Heiraten verführen

Heiraten – für viele Frauen das romantischste Ziel einer guten Partnerschaft auf ihrem Weg zur besten. Doch falls „der Beste von allen" noch nicht so ganz überzeugt ist, oder die Beziehung noch etwas Feinschliff benötigt, dann hilft dieser Ratgeber. In 40 Einzelpunkten erfährt die moderne Frau einfach anzuwendendes psychologisches Wissen, um in seinem Kopf die Hochzeitsgedanken nur so hüpfen zu lassen. 2. aktualisierte Auflage 2011 · 12 x 19 cm · Euro 9,95 · ISBN 978-3-8311-4235-4

Tips & Tricks zu GreenCard & B-Visum

Um sich im Top-Einwanderungsland unserer Erde, den USA, erfolgreich einzurichten, ist fundiertes amerikanisches Know-How gefragt. Dieser Ratgeber hilft allen Menschen, die sich dort zeitweise oder permanent niederlassen möchten. Er informiert über die gängigsten Visaformen GreenCard und B1/B2 Visum, und worauf es bei den US-Behörden bei der Beantragung ankommt. 2. aktualisierte Auflage 2011 · 12 x 19 cm · Euro 8,95 · ISBN 978-3-8981-1159-1

Verbraucher-Warnung:
Kaufen Sie kein Elektro-Auto

Elektroautos werden über den grünen Klee gelobt. Aber wie sieht es wirklich aus mit Gebrauchsfähigkeit, Kosten und Gefährlichkeit? Die Antworten darauf fallen verheerend aus, so daß Kaufinteressenten nur geraten werden kann: Sehen Sie von einem Kauf ab, wenn Sie sich nicht viel Ärger und Enttäuschungen einhandeln wollen. 2010 · DIN A5 · Euro 9,95 · ISBN 978-3-8391-6373-3

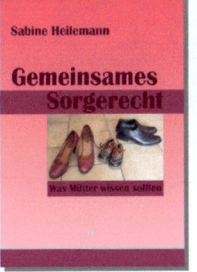

Gemeinsames Sorgerecht.
Was Mütter wissen sollten

Gemeinsames Sorgerecht für die Kinder nach einer Trennung ist die Regel. Doch wie sieht die Realität vieler Mütter aus? Wenn der Vater seine Pflichten vernachlässigt, seine Rechte gar mißbraucht, dann kann der Mama-Alltag schnell zum Alptraum werden. 1. Ausgabe 2011 · DIN A5 · Euro 8,95 · ISBN 978-3-8423-1930-1

Auswandern. Die menschliche Seite

Warum eigentlich weg ? Und wohin ? Und wie wirkt sich dieser Schritt auf die Partnerschaft aus? Die Erlebnisse eines jungen deutschen Paares – erst ins ferne Neuseeland, dann in die USA – faszinieren, und machen zugleich nachdenklich. 2010 · 12 x 19 cm · Euro 9,95 · ISBN 978-3-8370-9291-2

Der richtige Lizenzvertrag für Patent-Inhaber und Erfinder

Folgetitel unseres Bestsellers „Deutscher Patentschutz für 40 Euro": Hier wird der dann benötigte Lizenzvertrag am Beispiel eines echten Punkt-für-Punkt erläutert. Sie bekommen nicht nur eine Vorstellung über die Höhe der Lizenzzahlungen, sondern sparen auch bares Geld bei Anwaltsauslagen und durch Erinnerungen an Vertragsrisiken, an die nicht jeder gleich denkt. 2009 · DIN A5 · Euro 9,95 · ISBN 978-3-8370-8867-0

Mein erster Oldtimer·Youngtimer
Die wichtigsten Tips und Tricks für Erstkäufer

Der Oldtimer-Kaufratgeber mit unentbehrlichen Tips & Tricks für jeden Erstkäufer. Leicht verständlich erfahren Sie direkt vom Diplom-Ingenieur, welche Verkäufer Sie besser nicht anrufen, wie Sie geschickt mit diesen umgehe - und wie Sie teure Mängel am Fahrzeug und in seiner Dokumentation erkennen. 2011 · DIN A5 · Euro 9,95 · ISBN 978-3-8391-8731-9

Florida für Einwanderer

Sonne, Palmen und Meer – damit ist für viele Menschen Florida, der tropische Bundesstaat der USA, beschrieben. Doch wer dort länger leben möchte, dem nutzt das typische Urlaubswissen nur wenig. In diesem Ratgeber erfahren Nicht-Touristen wichtiges Florida-Wissen aus erster Hand. 2009 · DIN A5 · Euro 9,95 · ISBN 978-3-8370-8866-3

Auswandern. Die wichtigsten Schritte

Wer hat nicht schon einmal davon geträumt: Woanders leben! Tropisches Meer oder alpine Berge genießen. Freier und freundlicher die Tage verbringen, vielleicht sogar kostengünstiger. Aber wie geht „Auswandern" überhaupt ? Hier werden die wichtigsten Schritte jeder Auswanderung vorgestellt: Die persönlichen Grundvoraussetzungen, und wie diese zu erreichen sind. Wichtige Abreise- und Ankunftsvorbereitungen. Und schließlich die ersten Schritte im Wunschland. 2010 · DIN A5 · Euro 8,95 · ISBN 978-3-8391-2273-0

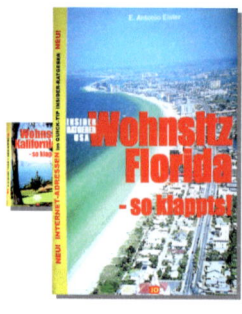

Wohnsitz Florida-so klappts! und Wohnsitz Kalifornien-so klappts!

Die Wohnsitz-Ratgeber über Florida und Kalifornien sind detaillierte Handbücher zum jeweiligen US-Bundesstaat: Einreisefragen, Haus- und Autokauf, Steuern, Stellensuche – das komplette Gewusst-Wie zum „Leben genießen in den USA" erfährt der Leser aus erster Hand. **A** Florida: 2000 · DIN A5 · Euro 15,29 · ISBN 978-3-8981-1216-1 **B** Kalifornien: 2000 · DIN A5 · Euro 15,29 · ISBN 978-3-8981-1332-8